Anti CGA Pum
Anti Salgado Pim

Libelo acusatório-satírico

Anti CGA Pum
Anti Salgado Pim

Libelo
acusatório-satírico

Niso Mendes

ISBN-10: 1508493057
ISBN-13: 978-1508493051

DEDICATÓRIA

É em si que penso
É em si que .me escancho
Burro salgado e tanso.
Usurpador de rações alheias
Para formar o encómio das burricais qualidades de vocência desejara ter as frases e o juizo alvar dum quinhentista. Mas destituído de tudo, só me fica a sinceridade de lhe dizer, sem ofender sua burrical competência e asinina pesporrência, e sem encher a sua manjedoura do retraço abominável da lisonja, que vocência não só é um pedaço de asno, mas uma conhecida besta, um burro acabadíssimo e prefeitíssimo jumento, de quem se protesta

Sincero tangedor,
Niso Mendes

Adaptado do prefácio a Os Burros "de José Agostinho de Macedo

ÍNDICE

Proémio

Este proémio, segundo modernas designações das redes sociais é NSFW (Not safe for Work- não adequado e provocante). Em designação mais tradicional, trata-se de algo posto antes do tema da obra (é isto que quer dizer proémio) mas que contém afirmações eventualmente chocantes. Se é muito sensível ou suceptível, benévolo leitor, não o leia. Passe adiante. A leitura dele pode abalá-lo nas suas convicções mais básicas. É de todo desaconselhável correr esse risco

Este livro aparece no mercado com uma vantagem sobre a grande maioria dos livros que se publicam. É que tem cinquenta leitores (quase) certos. Aqueles 50 cidadãos dos Açores que passaram pela mesma situação que eu passei. Foram vítimas de uma total arbitrariedade da qual quase não podem falar. Porque o clima jornalístico-social lhes é adverso. A contrariedade que sofreram é de peso. E para quase todos eles de consequências nefastas, dolorosas e penalizadoras para eles e famílias.

Vou tentar que adivinhem do que estou falando, fazendo **cinco** perguntas.

Primeira pergunta.

É possivel ser vítima de uma lei que, segundo todos os juristas que conheço, alguns de reconhecido mérito, é considerada inconstitucional?

Se tiverem a curiosidade em saber como é que isto se prova leiam os textos das páginas 67 a 84 deste livro.

Segunda pergunta

Em segundo lugar, é possível que além de

inconstitucional, a disposição legal em questão não seja aplicável aos Açores e, no entanto, está ser aplicada?

Como e porquê? Para o porquê, releiam as mesmas páginas e vão, de certeza, perceber.

Para o como, só há uma resposta. Que é aquilo que, com quase bonomia, se pode chamar o "politicamente correcto".Os responsáveis políticos açorianos não se atrevem a enfentrar a onda de supostas críticas que a tomada de decisão sobre a não aplicação dessa legislação na Região, lhes podia acarretar.

É oportuno lembrar que tudo isto acontece, mesmo estando eles munidos de estudos técnicos que lhes indicam o caminho a seguir. Talvez os tivessem pedido "para que não". Mas sairam-lhes "para que sim".

Mas agindo assim, não estão a abdicar de competências e poderes constitucionais e estatutários? Sem dúvida. Mas, porventura, pensam que não será o respeito por princípios ou valores que lhes dará lugar na história, mas, antes, a acomodação à temida vozearia. Mesmo que seja vozearia mais da comunicação social do que da população.

Terceira pergunta.

Poderá uma lei só ser aplicável a partir de 1 de Junho de 2014, mas pretender-se que ela produza efeitos a partir de 1 de janeiro? Creio que todos compeenderão que não. A não ser que a lei explicitamente o previsse. Mas a CGA parte desse pressuposto. Errado, penso. Porque o legislador não podia ter querido que uma lei fosse aplicada numa determinada data, para impor como condição da sua execução uma regra só exequível 6 meses depois. Nunca devemos supor (é regra de boa hermenêutica interpretativa) que o legislador incorre numa incongruência desse jaez. Mas a CGA, no seu "alto" critério entende o contrário. E pretende, portanto, que sejam devolvidas as verbas que foram processadas nesses meses de Janeiro a Maio. Mais ainda, tem o desplante de dizer que essas verbas, depositadas por ela nas contas dos próprios, foram levantadas "ilicita" e "ilegalmente".

A própria CGA, no seu (mal) arrazoado texto

de fundamentação (vide páginas 1 a 3) reconhece que esse direito só foi perdido a partir de Junho e não de Janeiro (ipsis verbis, "após a perda do direito, ocorrida em 2014-06-01)

O único argumento em contrário é que o OE (e tratou-se de uma disposição do Orçamento de Estado) entrou em vigor em Janeiro. É verdade. Mas não é só esta disposição orçamental que se deve entender que não entrou em vigor no primeiro dia do ano. São todas aquelas que estão dependentes de uma condição prévia que só se concretizará depois. É o caso desta. Deve-se entender sempre que o legislador não comete ilogicidades. Ora é ilógico que ele pretenda que entre em vigor em Janeiro uma norma dependente de uma condição só concretizável em junho seguinte.

Quarta pergunta.

Vamos supor a pior hipótese, isto é que a lei entrou em vigor em 1 de Janeiro. Mesmo neste caso, a verba a repor nunca o podería ser por "execução fiscal", como, num texto pejado de contradições, (pag 2 e 3) pretende um tal Domingos Salgado, (ir)responsável pela chamada unidade de abonos da CGA. A simples reposição de uma verba processada pela CGA não pode ser arbitrariamente equiparada a um imposto. E só para estes é que o Estado pode reclamar "execução fiscal". A solução da CGA só pode ser entendida num clima de verdadeira ditadura fiscal que, por esse processo expedito, evita que a questão seja dirimida em Tribunal. É verdade que os citados podem fazê-lo, mas com uma condição. Proceder à mesma, e antecipadamente, ao pagamento do montante exigido e que é incomportável para quase todos eles.

Quinta pergunta.

Como é que a CGA pode fazer exigências em relação a verbas sobre as quais ela não tem qualquer competência? As verbas em causa são da responsabiliade da Assembleia Regional, e não da Caixa.

Tal facto é evidente para todos. Mesmo os Ministros e os próprios Secretários de Estado que tutelam a Caixa o admitem. Mas a CGA; com o tal "Salgadinho" à cabeça mantém a sua intransigência. Não atende nem as pessoas, mesmo que tenham a tutela da Caixa, nem as razões.

Só para terminar. A CGA não só mantém a sua intransigência, mas desce ao insulto mais grosseiro que se pode imaginar.

Escreve pela pena e chancela do excelso Domingos Salgado, nada menos do que esta enormidade:

"O executado locupletou-se, à custa alheia, causando um prejuízo à CGA".

Só se admite uma afirmação destas porque o farsolas do "Salgalhote" não sabe o que significa a palavra "locupletar-se". Ela só se diz dum enriquecimento grande em dimensão e esconso nos meios da sua aquisição. Ora os chamados "executados" limitaram-se a receber uma verba processada pela própria Caixa, que, bacocamente, nas suas alegações logo depois de dizer que o direiro só foi perdido a partir de 1 de Junho, logo a seguir, classifica "de ilegal e ilícito o levantamento dessas verbas".

Além disso, é uma descarada e descabelada mentira dizer que a CGA sofreu "prejuízos".

As verbas são da Assembleia Regional, não da Caixa.Ela é que está, para usar palavras suas, a locupletar-se com dinheiros que lhe não pertencem.

Já estou a ouvir as seguintes objecções.

Primeira. Afinal, trata-se apenas de 50 pesoas. Número pouco significativo. Verdade, para os números. Errado, para aquilo que está, realmente em jogo: Saber se o Estado pode arbitrariamente esbulhar cidadãos de direitos que a lei previa e que, por essa justa previsão, orientaram vida e opções. Admitindo que qualquer maioria o possa fazer é a negação do Estado de direito, da confiança jurídica e da proteção legal contra abusos de maiorias sem consciência dos limites que o império da lei, lhes impõe.

Mas deixemos este lado sério, embora sendo o mais relevante, de toda esta questão.

Afinal, trata-se apenas de fazer humorismo, com algum tom e dose de sátira e mesmo algum burlesco. É verdade. Esgotados todos os outros recursos, resta o recurso ao humor. Humor crítico, humor acerado a

agressivo. Sem dúvida.
Penso que mais que satírico é burlesco.Talvez, até picaresco. Porque trata-se de levantar a voz contra autênticos pícaros, anedóticos, de muito baixo calibre.

Vila de S. Sebastião,
Sexta-feira 13 de fevereiro de 2015

Dionísio Sousa,

.

Ao mestre e artifice de todas as salgalhadas da CGA (Caixa Geral de Aposentações) e que aos domingos é Salgado (capanga da CGA)

"A presente subvenção constitui encargo da Assembleia Legislativa Regional"

(oficio da CGA -Sac322MB de 08.04.2008 que atribui uma subvenção mensal vitalícia a Dionisio Mendes de Sousa)

"O executado (Dionísio Mendes de Sousa) locupletou-se, assim, à custa alheia, causando um prejuízo à Caixa Geral de Aposentações".

(Fundamentação do responsável da CGA, aos domingos Salgado, em 15.01.2015, exigindo a Dionisio Mendes de Sousa execução fiscal de verbas da CGA referentes à subvenção "indevidamente" e "ilicitamente" recebidas "locupletando-se" em prejuizo da Caixa Geral de Aposentações.

Caixa Geral de Aposentações

Ex.mo(a) Senhor(a)

DIONÍSIO MENDES SOUSA
RUA BOAVISTA
S SEBASTIAO
9700-000 ANGRA DO HEROISMO

NOSSA REFERÊNCIA	DATA	SUA REFERÊNCIA
SAC322MB.444021/00	2005-04-08	

Assunto: **Subvenção mensal Vitalícia** - Leis n.ºs 4/85, de 9 de Abril, 16/87, de 1 de Junho, 26/95, de 18 de Agosto e 3/2001, de 23 de Fevereiro

Informo V. Exª de que, nos termos da legislação em epígrafe, foi-lhe fixada a subvenção mensal vitalícia de 2.662,61 eur, com base em:

Vencimento do cargo de DEPUTADO

24 anos de serviço prestado até 2004-11-14

(Decisão da Direcção da Caixa Geral de Aposentações, de 2005-04-08, tomada no uso da delegação de poderes conferida pela Administração desta Caixa, publicada no Diário da República, II Série, n.º 126, de 2004-05-29).

Nos termos do art.º 26º da Lei n.º 4/85, de 9 de Abril, na redacção dada pela Lei n.º 16/87, de 1 de Junho, a subvenção mensal vitalícia será imediatamente suspensa se o seu titular assumir quaisquer das funções indicadas no mesmo artigo (transcrição no verso), para o que deve ser comunicada à Caixa Geral de Aposentações o início de tais funções.

Observações

A presente subvenção será abonada por esta Caixa desde 2004/11/15, dia seguinte ao do termo de funções.

A presente subvenção constitui encargo da Assembleia Legislativa Regional dos Açores no montante mensal de 2662,61 Eur até 2004/12/31 e de 2721,18 Eur a partir de 2005/01/01.

Com os melhores cumprimentos

O Chefe do Serviço

João Gomes Gonçalves

Atendimento linha azul: 217 807 807 das 8:30 às 16:30 (dias úteis) **Atendimento presencial: na Sede das 8:30 às 15:00 (dias úteis)**

Avenida 5 de Outubro, 175 Apartado 1194 1054-001 LISBOA • Fax 217 807 761/86 • Tel. Geral 217 918 000 • E-mail cga@cgd.pt

Sítio na internet: www.cga.pt

Caixa Geral de Aposentações

Exmo(a) Senhor(a) Chefe
do SERVIÇO FINANÇAS ANGRA HEROISMO
RUA DA SÉ - EDIF. BANCO DE PORTUGAL
9700-157 ANGRA DO HEROÍSMO

A CAIXA GERAL DE APOSENTAÇÕES, I.P. (CGA), pessoa coletiva n.º 500792968, com sede na Av.ª 5 de Outubro, 175, 1069-307 LISBOA, vem ao abrigo do disposto nos artigos 61.º do Decreto-Lei n.º 48 953, de 5 de abril de 1969, com a redação que lhe foi dada pelo artigo 17.º do Decreto-Lei n.º 693/70, de 31 de dezembro, 159.º do Decreto-Lei n.º 694/70, de 31 de dezembro, 9.º, n.º 1, do Decreto-Lei n.º 287/93, de 20 de agosto, 62.º, n.º 1, alínea c), do Decreto-Lei n.º 129/84, de 27 de abril, e 148.º, n.º 2, alíneas a) e b), 150.º, 151.º, 153.º, n.º 1, e 155.º do Código de Procedimento e de Processo Tributário,

requerer **instauração de processo de execução fiscal** contra:

DIONÍSIO MENDES SOUSA, contribuinte fiscal n.º 120034778, com o NISS 6594956, residente na RUA BOAVISTA, S SEBASTIAO - 9700-000 ANGRA DO HEROISMO, nos termos e com os seguintes fundamentos:

1.º

DIONÍSIO MENDES SOUSA, utente n.º 444021-0, recebeu, da Caixa Geral de Aposentações, uma pensão vitalícia, em contravenção com o que a lei dispõe (recursos superiores ou iguais a 2000 eur. mensais).

2.º

Apesar de tal utente ter perdido o direito em 2014-06-01, a Caixa Geral de Aposentações, por desconhecer esse facto, creditou-lhe valores indevidamente, relativos aos meses de janeiro de 2014 a maio de 2014.

3.º

O(A) executado(a) levantou ilicitamente da conta de depósito à ordem n.º 00019076300, constituída na Agência da Caixa Geral de Depósitos da ANGRA DO HEROISMO a importância de € 7 440,40, relativa às pensões creditadas em nome de DIONÍSIO MENDES SOUSA, após a perda do direito, ocorrida em 2014-06-01.

4.º

Na sequência daquele levantamento, constituiu-se em dívida perante a Caixa Geral de Aposentações no valor daquela importância, por si ilegalmente percebida.

5.º

Apesar de todas as diligências efetuadas junto do(a) executado(a), nos termos dos artigos 38.º e 42.º do Decreto-Lei n.º 155/92, de 28 de julho, não foi possível recuperar qualquer importância, pelo que se mantém a dívida de € 7 440,40.

6.º

A esta quantia acrescem juros de mora à taxa legal, desde a data da intimação (2014-10-24), no valor de € 112,69.

7.º

São devidos os juros de mora vincendos à taxa legal até integral pagamento da referida dívida.

8.º

O(A) executado(a) locupletou-se, assim, à custa alheia, causando um prejuízo à Caixa Geral de Aposentações.

9.º

Deste modo, está, assim, a exequente prejudicada no valor de € 7 553,09, como se prova pela certidão de dívida e nota de débito que se juntam sob documentos números 1 e 2, respetivamente, e que aqui se dão por inteiramente reproduzidas para todos os efeitos legais.

10.º

O crédito, cuja cobrança coerciva se requer, está consubstanciado em título executivo, de harmonia com o disposto no artigo 61.º, números 1 e 2, do Decreto-Lei n.º 48953, de 5 de abril de 1969, no artigo 159.º, números 1 e 2 do Regulamento aprovado pelo Decreto-Lei n.º 694/70, de 31 de dezembro, aplicáveis por força do n.º 1 do artigo 9.º do Decreto-Lei n.º 287/93, de 20 de agosto, no artigo 162.º, alínea d), do Código de Procedimento e de Processo Tributário e no artigo 46.º, alínea d), do Código de Processo Civil.

11.º

O mencionado crédito é exigível.

Da isenção de custas

12.º

A Caixa Geral de Aposentações é uma pessoa coletiva de direito público que tem por finalidade a gestão do regime de segurança social do funcionalismo público em matéria de pensões, sendo, portanto uma instituição de previdência.

13.º

Está, assim, abrangida pela isenção de custas prevista na alínea g) do n.º 1 do artigo 3.º do Regulamento das Custas dos Processos Tributários, aprovado pelo Decreto-Lei n.º 29/98, de 11 de fevereiro, benefício que expressamente requer.

Nestes termos e nos demais de direito requer a V.Exa. que, instaurada a execução, se digne:

- Ordenar a citação do(a) executado(a) para, no prazo legal, pagar à exequente a quantia em dívida, no total de € 7 553,09, à qual acrescerão os juros vincendos à taxa legal, até integral pagamento da referida dívida, seguindo-se os demais termos do processo até final;

- Reconhecer a isenção de custas previstas na alínea g) do n.º 1 do artigo 3.º do Regulamento das Custas dos Processos Tributários, aprovado pelo Decreto-Lei n.º 29/98, de 11 de fevereiro.

VALOR DA AÇÃO: € 7 553,09

JUNTAM-SE: 2 documentos.

O Coordenador da Unidade

Domingos Salgado

Domingos Salgado

Décimas com um coro

Mês a mês locupletando-me.

Me acusa com desplante

O domínico e salgado farsante

Ao lamaçal atirando-me

Minha honra conscurpando-me,

Oh! safado boateiro

De dedo acusador e trauliteiro.

Minha dignidade não está à venda

Nem é de reles burocrata a prebenda

Da sua peçonha alcoviteira.

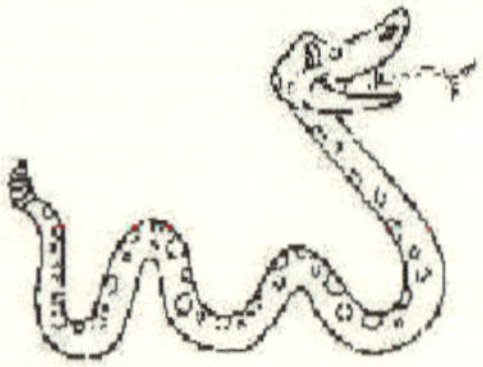

Não interessa de quem é a verba

Que a própria CGA reconheceu

E preto no branco escreveu.

O que interessa ao palerma

Que de miopia enferma

É levar àvante

Em gesto tonitruante,

E manter indiscutível

Como decisão inamovível

Sua petulância espampanante.

Surdo a todas as razões

Cego a toda a verdade.

Só à sua ferocidade

E esquizofrénicas visões

De alucinada mente

Credibilidade consente.

É assim o salgado

Tonto e abananado

Porco-espinho repelente

Com rastejar de serpente.

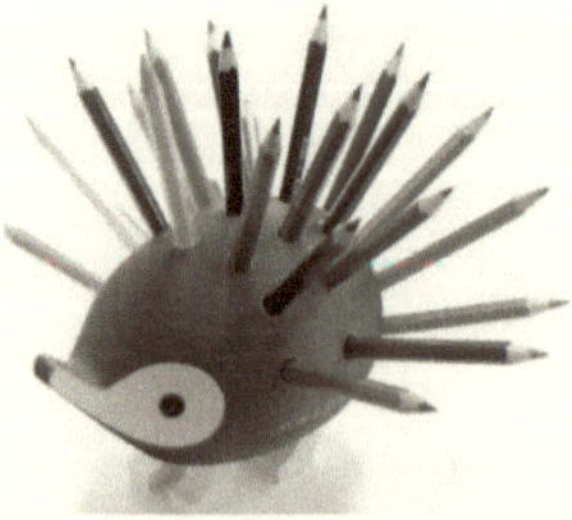

Na CGA acoitado

De velhos ódios carcomido

O burocrata empedernido

De (pro)nome aos domingos Salgado,

Salgado mas destemperado.

Usa a lei como uma arma

Com que toda a razão desarma

E impõe os preconceitos

De seus pensamentos estreitos

Brandidos como bisarma.

Coro

Ignorante, mas impante,

Farisaico e farsante

Trafulha e arrogante

Armado em mandante

Com ar intimidante

O Salgado pedante

É apenas um supino tratante.

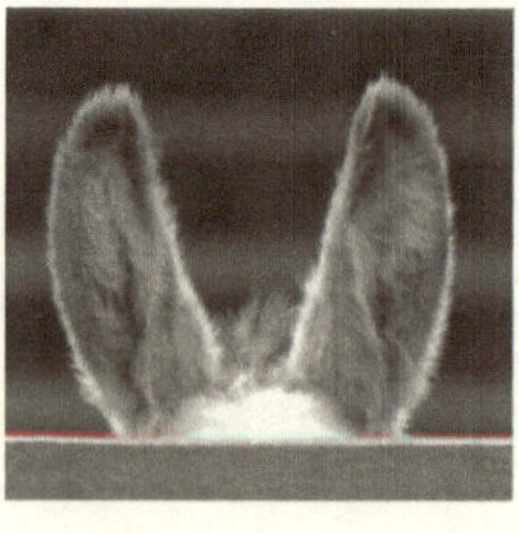

Numa secretária barricado

Olhando o mundo do alto

Como fera preparando o salto

Está aos domingos o que é salgado,

Em decisões destemperado,

Lembrando Torquemada

Da inquisição negregada,

Com arbitrariedade impera

Como se vivesse na velha esfera

Salazarenta e ultrapassada.

Manga de alpaca de outra era

O dos domingos - o mais Salgado

Exemplar detestado

A tudo e todos supera

E como bronco exaspera

Com decisões tirânicas

E deturpações semânticas

Da lei e dos factos.

Tudo reduzindo a cacos

Com suas mãos satânicas

Coro

Ignorante, mas impante,

Farisaico e farsante

Trafulha e arrogante

Armado em mandante

Com ar intimidante

O Salgado pedante

É apenas um supino tratante.

A prepotência é o lema

Do Salgado mais insulso

Com tortuoso recurso

E cegueira extrema

Alçada em torema.

A lei torce e retorce

E contra ela se contorce

Para seu fito atingir

A autonomia ferir

Em tudo o que a reforce.

O quezilento Salgado

Que o sal não salgou,

Muito menos apurou,

É imbecil desavergonhado

Em tiranete arvorado

A própria lei deturpa

E seu sentido usurpa

Impertinente contumaz,

A lei é ele que a faz

Com sua vista curta.

É patife descarado

E de marca maior

Na tentativa de impor

O aos domingos Salgado,

Sancho Pança, enfezado

De compreensão e entendimento.

Estulto de pensamento

E à verdade avesso

Que rejeita como tropeço

Ao seu obsecado intento.

Coro

Ignorante, mas impante,

Farisaico e farsante

Trafulha e arrogante

Armado em mandante

Com ar intimidante

O Salgado pedante

É apenas um supino tratante.

A lei mal interpreta.

Os factos não reconhece.

A tudo aborrece.

E sua burrice perversa

É à sensatez adversa.

Não é dos asnos, o pai

Mas em zurros se esvai.

Não pensa, escoiceia

Azelhice alardeia

Quando as meninges contrai.

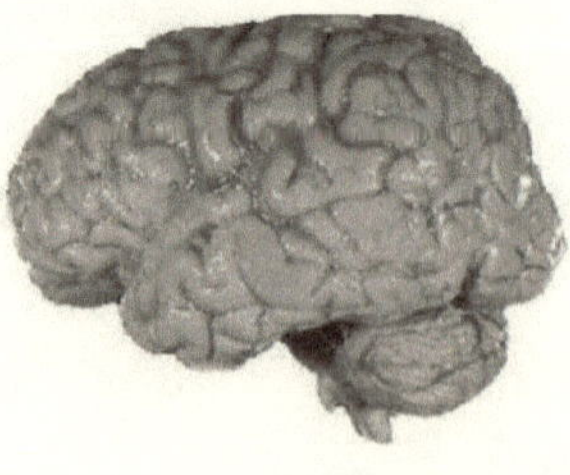

Tem-se por alto funcionário

Da administração estatal

Acima do bem e do mal.

Tem bossa de dromedário

E o deserto de ideias como cenário.

É um avantesma incarnado

O solerte aos domingos Salgado.

É a fatal degenerescência

A animalesca inconsciência

Do quadrúpede desembestado.

Coro

Ignorante, mas impante,

Farisaico e farsante

Trafulha e arrogante

Armado em mandante

Com ar intimidante

O Salgado pedante

É apenas um supino tratante.

Responsável nada abonatório

Da unidade de abonos.

Rival de todos os monos,

Armando-se em finório

Mas revelando-se irrisório

Nas decisões precipitadas

E mal fundamentadas

Que a CGA envergonham

E ignorância espelham

De verdades sonegadas.

Esparsas salgadinhas

As esparsas eram composições trovadorescas do século de quinhentos, em que se poetava sobre os desconcertos do mundo. Creio estarem especialmente adequadas a uma CGA e a um "salgalho" que são a prova e o símblo mais cabal de que, com eles, "anda o mundo desconcertado",como lamentava Camões numa das suas esparsas.

Há salgados a mais

E salgadeiras a menos.

"Salgados" são venenos

Com efeitos fatais.

Da mordedura que mata

Deste aos domingos Salgado

Não há antídoto que valha.

É de ruim fogo acendalha

Que galga endemoninhado.

Salgado aferra o dente

E morde como cão raivoso

Deleitado e guloso

Açulado e fremente.

Pensionista é sua presa

Que adora abocanhar

Sendo capaz de matar.

Pensionista sem defesa

O fisco manda executar.

O Salgado glutão

Tem vítimas preferidas

Mais que todas apetecidas.

Quando fareja subvenção

Solta seu instinto feroz.

Uiva, relincha, esperneia

Qual sádico algoz

Ou nefasta alcateia.

Salgado vive para morder

Com singular perversão

Sem olho de lince, mas de falcão

Que ataca para estarrecer.

Esquadrinhando todos os meios

Para nas suas garras colher.

E não se deixa demover

Contra sólidas razões e sem rodeios.

O mar é salgado.

O Domingos também.

O sal que o mar tem

É pelas salinas aproveitado.

Dele deriva o salário

Com que sobrevive a mão de obra,

Mesmo quando pouco sobra.

Com o sal de Domingos, ao contrário

A pobreza envergonhada redobra.

As dívidas à CGA

São tratadas como imposto.

Ditatorial pressuposto

Que na lei não está.

E refinada opressão,

Ardilhosa artimanha

E armadilha tamanha

Que retalha a pensão

Com impiedosa sanha.

Lavrou sua sentença

Como juiz em tribunal

Em decisão final.

Quem assim pensa

Sem deixar recurso nem apelo

É tirano encapotado

Ou desmandado Salgado,

Que actua com atropelo

De falso zelo disfarçado.

Salgando à moda das “Velhas” da Terceira

Honrar o Salgado,
Canzarrão safado
Com “velhas” da Terceira
É quase um pecado
Que mesmo confessado
Deixa na alma a sujeira.

O Salgado abocanha
Verbas açorianas.
Talvez o macacão se detenha
Com um bom par de bananas

O Salgado é mostrengo
Que mesmo o contendo
Revela sua pior face.
A lei atropelando,
A lógica esmagando
Em cada desenlace

Umas lições de autonomia
Tanta falta lhe fazem.
Entretanto vai-se safando
De tropelia em tropelia.

O sal do Salgado
Nem no saleiro se aproveita.
Insonso e destemperado
Nunca fará petisco com'é dado
E estragará qualquer receita.

O melhor é metê-lo na salgadeira
Ou dependurá-lo ao fumeiro.
Devia-se era arranjar maneira
De o arrastar ao picadeiro.

Espírito tacanho
Espreita sempre o ganho
Para a CGA locupletar.
Nem o descoco tamanho
Nada o faz recuar

É um sujeito grotesco
De aspecto apalhaçado
Para tempo carnavalesco
É de máscara bem dotado

Pássaro bisnau
Com ar de mau
Mas voando baixinho.
Tem cara de pau
E ferrão de lacrau
De intento mesquinho

A sua figura de tiranete
E atitudes de ditador
Tem da estupidez o sinete
Mas arreganho ameaçador

Pastiches Salgadinhos

Pastiche aos "Burros"

de

José Agostinho de Macedo

Do Salgado com mão Sandice revolvendo
Nos cacos o negócio alto, patife
A asquerosa pocilga abandonando,
Em que Salgado estólido roncava
As penugentas asas desenrola,
Babando-se de gosto os ares corta
E equilibrando-se na atmosfera opaca,
Fechando os olhos de prazer banhados,
No rechonchudo cu do responsável mór
Que as mandatárias do soberbo império
Alimparão da caca e alegres beijam.
Por toda a parte observa as obras suas
E não se pode ter, que em gosto imersa,
Não regaçasse um pouco a imunda fralda,
E acocorando as nádegas não desse
Nas cadeiras, secretárias e arrebiques
Do CGA-mór tamanho um peido
Que um sal fixo deixou nas ventas todas
Dos tarefeiros que dele e dela aprendem.
Então destarte aliviando o ventre
A quadro mais gostoso os olhos vira.
E viu dali correndo obra acabada
Do mundo inteiro os mentirosos todos

Viu os serventuário da CGA, de cabrões composto,
Que cumprimentam Salgado - o capataz dos cornos.
Batendo palma a palma e pata a pata
Com que o sistema da CGA propaga.
Do ilustre quadro da CGA à vista
Novo tufão largou do cu tremendo.

Pastiche ao

"Burro de Oiro"

de

Apuleio

À semelhança do que aconteceu com o personagem principal do romance de Apuleio "O Burro de Ouro", aos domingos Salgado pretendia ter visões e decisões de pássaro, mesmo de águia. Afinal, pelos textos que escreve, pelas decisões que toma ,transformou-se em asno notório.
Vejamos como está descrita esta transformação, no citado romance. Está escrito na primeira pessoa (admitamos, por especial favor, que "Salgado" é também uma "primeira pessoa"):

"Agarrei no frasco do unguento, e espalhei-o por todo o corpo e logo me pus a imitar os movimentos das aves, esforçando-me por agitar alternadamente os braços; no entanto não havia o mínimo vestígio de penugem ou penas.
Em vez de isso, os meus cabelos engrossam até se transformarem em crinas; a minha pele endurece e vira couro; perco os diferentes dedos na ponta das mãos, pois eles juntam-se num só casco, e no termo da espinha cresce-me uma cauda enorme. Ganhara ainda uma cara descomunal, uma

boca gigante, umas narinas escancaradas e uns lábios esbeiçados; as orelhas haviam ficado descomunais e eriçadas de pêlos. Percorri com os olhos todo o meu corpo e constatei que não me tinha transformado em ave, mas antes em burro".

PASTICHE À

"GUERRA"

DO

PADRE ANTÓNIO VIEIRA

AQUELE MONSTRO

É a CGA aquele monstro que se sustenta de descontos, de quotas e subscrições sugando o sangue durante cada vez mais tempo àqueles que chama subscritores, e quanto mais come e consome tanto menos se farta e retribui.

É a caixa a rainha dos eufemismos designando paternalmete por subscritores aqueles que, ao passarem a pertencer-lhe nada subscrevem apenas se inscrevem. Contribuintes e quotizados, é o que eles são. Subscritores é que não.

É a Caixa aquela tempestade de diplomas e de despachos com que extorque o dinheiro, de cotizações que levam coiro e cabelo, de imposições arbitrárias que esmagam o contribuinte, o reformado, o pensionista e num momento podem sorver, - reduzindo-lhes - os rendimentos de uma carreira contributiva.

É a Caixa aquela calamidade composta de todas as calamidades em que não haja mal algum, ou arbitrariedade decisória que ou senão padeça, ou se não tema a extorsão iníqua, a distorção da lei, ou aplicação de cálculos sempre desfavoráveis ao forçado subscritor. E não há bem que seja próprio e seguro: o contribuinte não tem seguro o valor dos seus descontos. O pobre não tem seguro a pensão de sobrevivência, a aposentação voluntária é uma escandalosa armadilha que reduz os salários ao nível da mera sobrevivência. A caixa é um empório que desrespeita as tutelas e impõe as suas leituras enviesadas da lei.

PASTICHE AO MANIFESTO

anti-Dantas

DE
ALMADA NEGREIROS

BASTA PUM BASTA!

Abaixo o Salgado, Abaixo! ☛ PIM!

UMA GERAÇÃO COM UM Salgado A CAVALO É UM BURRO IMPOTENTE!

UMA GERAÇÃO COM UM Salgado À PROA É UMA CANÔA em SECO!

O Salgado É UM CIGANO!

O Salgado É MEIO CIGANO!

O Salgado SABERÁ Contar, SABERÁ descontar, SABERÁ calcular, SABERÁ FAZER Salgalhadas REAIS, SABERÁ TUDO MENOS não se assenhorear de verbas que lhe não pertencem QUE É A ÚNICA COISA QUE ELLLE devia FAZer!

O Salgado É UM HABILIDOSO!

O Salgado VESTE-SE MAL!

O Salgado USA CEROULAS DE MALHA!

O Salgado ESPECULA E trafulha com dinheiros alheios!

O Salgado apodera-se dos dinheiros da Assembleia Regional dos Açores

O Salgado É o Salgado!

Mas O SALGADO nem sequer É JÚLIO!

Epitáfio

para um Salgado.

Burro nasceu.
Como burro viveu.
Como burro morrerá.

MEMÓRIAS DE UM BURRO

"Não me lembro dos meus tempos de criança; provavelmente fui infeliz como todos os burrinhos, bonito, engraçado, como somos todos.
Era com ncerteza cheio de espírito, porque velho, como hoje sou, ainda tenho mais do que os meus companheiros.
Logrei mais de uma vez os meus pobres donos, que eram apenas homens e que, por consequência, não podiam ter a inteligência de um burro."

(SÉGUR, MEMÓRIAS DE UM BURRO SÁBIO)

Endecha

para

Cinquenta Condenados

a uma morte-macaca

C.C. a Ana Luís e Vasco Cordeiro

"O humor é como a cultura. É o que resta depois de se ter perdido quase tudo".

Niso, o anónimo.

Deserdados da fortuna,

Vítimas do despotismo.

É um novo fascismo

Que vos faz a vida dura.

Velhice descuidada

Não podeis exigir

Prerrogativa derrogada

Sempre vos há-de afligir

Horas amargas vos esperam

Na vossa quarta idade.

O que demais vos deram

Retiraram sem piedade

Medidas de eutanásia

A morte vos apressa.

Vai terminar em tal essa

Vossa velhice precária.

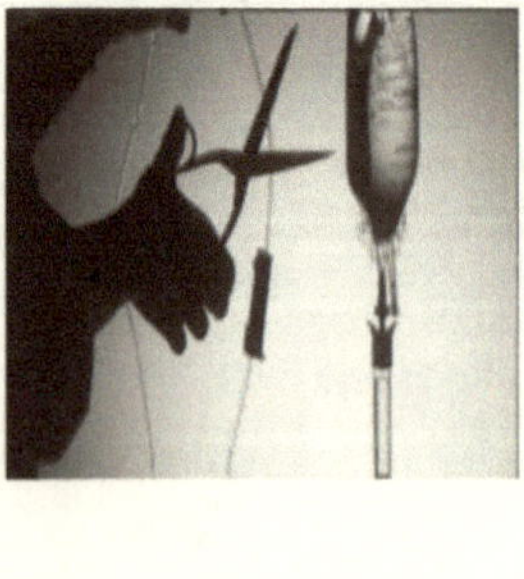

Descida aos infernos

É quanto vos espera

Políticos da nova era

Têm-vos ódios eternos

Lágrimas derramar

Não promete lenitivo

Condenados em definitivo

É melhor o passado enterrar

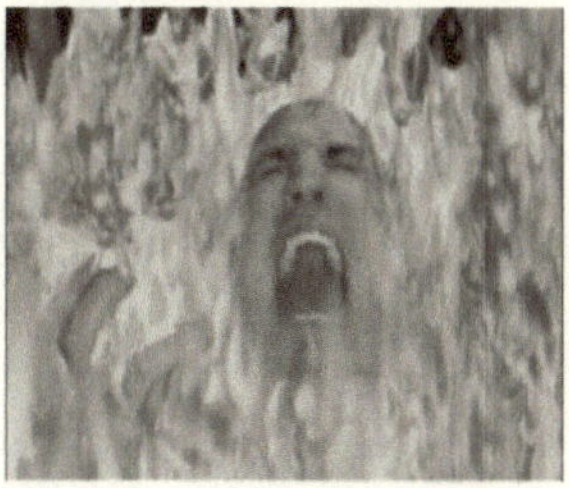

Triste é vosso fado

Políticos de outrora.

Esta não é a vossa hora

É esse o vosso pecado.

Golpe reles, golpe traiçoeiro

Condenaram-vos ao revés

De terem dinheiro no fim do mês

A terem mês no fim do dinheiro

Abatidos um a um

Como indefesos pardais.

É à “mortem autem crucis”

Que, sem remorsos, os condenais.

São apenas ex-políticos

Mas destratados como ex-cidadãos

Raça vil de proscritos

Dela todos os Pilatos lavam as mãos.

Niso 15.01.2015 (13h14)

Textos

para um processo
histórico

que um dia se há-de fazer.

Texto da minha responsabilidade entregue ao Presidente do PS e Governo Regional, em nome dos ex-titulares do PS-Açores.

Os ex-titulares de cargos políticos eleitos pelo Partido Socialista dos Açores que este texto assinam e representando os ex-titulares de cargos políticos do PS-Açores (seguem os nomes) decidiram tomar a iniciativa de conjuntamente virem junto do Presidente do PS-Açores expor o que segue:

Há, entre outros, dois princípios fundamentais que regulam as relações do Estado de direito democrático com os cidadãos: O princípio da segurança jurídica e o princípio da proteção da confiança.

O princípio da segurança jurídica concerne aos elementos objectivos da ordem jurídica como garantia da estabilidade jurídica e realização do direito. O princípio da proteção da confiança relaciona-se com as componentes subjectivas, nomeadamente com a previsibilidade dos indivíduos em relação aos poderes públicos.

Um dos corolários do princípio da segurança jurídica é a proibição de normas retroactivas restritivas de direitos ou interesses juridicamente protegidos O que proíbe pré-efeitos e normas retroactivas, exceptuados casos de proteção de interesses constitucionalmente protegidos, impondo-se, nomeadamente, que as novas disposições legais sejam proporcionadas e adequadas para que derroguem o princípio genérico da não retroactividade da lei.

Quanto ao princípio da proteção da confiança jurídica é necessário ter em conta o que observa a Professora Doutora Maria Lúcia Amaral, (nome de referência no constitucionalismo português e actual Vice Presidente do Tribunal Constitucional). Esta constitucionalista entende que, a lesão do princípio da confiança, verifica-se quando, cumulativamente, o Estado tenha efectivamente tomado decisões ou encetado comportamentos susceptíveis de gerar nos cidadãos expectativas de continuidade, os cidadãos tenham eles próprios tomado decisões ou feito planos de vida com fundamento nessas mesmas expectativas, que tais expectativas na continuidade da política estadual sejam legítimas, porque fundadas ou justificadas por boas razões. "Todas as pessoas devem poder saber com o que contam", devendo poder confiar na previsibilidade do direito.

Podiam aduzir-se numerosos acórdãos do Tribunal Constitucional que se pronunciam no sentido atrás referido sobre o princípio de proteção da confiança jurídica. Citemos apenas dois pontos de um dos mais recentes acórdãos. O Acórdão nº187/2013 diz:

70. Esta questão da proteção da confiança foi circunstanciadamente abordada no Acórdão n.º 396/2011 do Tribunal Constitucional a propósito dos cortes salariais previstos no Orçamento do Estado para 2011. Aí se refere a densificação dos requisitos cumulativos a que deve obedecer a aplicação desse princípio, efetuada no Acórdão n.º 287/90.

71. Aí se considera que a frustração das expetativas dos cidadãos provocada pelas medidas em causa será inadmissível, nomeadamente, à luz dos seguintes critérios: a) quando a afetação de expectativas constitua uma mutação da ordem jurídica com que, razoavelmente, os destinatários das normas dela constantes não possam contar; b) quando não for ditada pela necessidade de salvaguardar direitos ou interesses constitucionalmente protegidos que devam considerar-se prevalecentes, recorrendo-se aqui ao princípio da proporcionalidade.

Alguma doutrina admite mesmo a possibilidade de se avaliarem situações de protecção da confiança em casos gerais e abstractos.

A doutrina mais corrente, porém, é a de que não há lesões da confiança em abstracto. Em consequência, a violação da protecção da confiança teria de reportar-se, sempre, a um caso concreto e a uma determinada pessoa ou grupo de pessoas.

Reafirme-se assim, na senda da doutrina mencionada, que para apreciar uma eventual lesão da protecção da confiança, é essencial apurar se o Estado tomou efectivamente decisões ou encetou comportamentos susceptíveis de gerar nos cidadãos expectativas de continuidade; se os cidadãos, individualmente considerados, tomaram decisões ou fizeram planos de vida com fundamento nessas mesmas expectativas; se tais expectativas na continuidade da política estadual eram legítimas, porque fundadas ou justificadas por boas razões.

Mais especificamente, a protecção da confiança só pode ser aferida em concreto, apurando quem são os lesados e se fizeram efectivamente planos de vida tendo em conta a expectativa criada pelo Estado.

Tudo resumindo, pode dizer-se que o princípio da protecção da confiança tem sido definido pela nossa jurisprudência constitucional e pela doutrina, por referência a quatro requisitos fundamentais. Na verdade, para que haja lugar à tutela jurídico-constitucional da confiança é necessário, em primeiro lugar, que o Estado, enquanto legislador, tenha encetado comportamentos capazes de gerar nos privados expectativas de continuidade.

Em segundo lugar, tais expectativas devem ser legítimas, justificadas e fundadas em boas razões. Em terceiro, os privados devem ter feito planos de vida tendo em conta a perspectiva de continuidade do comportamento estadual e, em quarto e último lugar, não podem ocorrer razões relevância constitucional que justifiquem, em ponderação, a não continuidade do comportamento que gerou a situação de expectativa.

Expostos estes princípios genéricos, é altura de considerar o caso concreto das subvenções atribuídas aos ex-titulares de cargos políticos nos Açores e no PS.

1. A atribuição da subvenção vitalícia tinha cobertura jurídica. Podem dispensar-se pormenorizadas explanações a esse respeito, bastando citar os diplomas que a instituíram a nível nacional e regional.
2. Havia expectativas fundamentadas, nomeadamente por parte dos detentores de cargos dos políticos pertencentes ao PS, na continuidade da atribuição da subvenção? Sem qualquer dúvida. Em numerosas áreas legislativas, a posição do PS foi sempre, mesmo quando revogava disposição legislativas anteriores, o de fazê-lo com efeitos futuros nunca com efeitos retroactivos. Citemos apenas, porque nos diz directamente respeito, a legislação de 2005, da iniciativa do PS, que suprimiu as subvenções vitalícias. Esta lei nº 52-A/2005 de 10 de Outubro estabelece mesmo, no seu artigo 8º, um regime transitório para os titulares de cargos políticos em exercício de funções no mandato que, então, decorria.
3. A que se poderia acrescentar numerosas disposições tomadas por iniciativa de governos do PS nas áreas da função pública (alteração dos vínculos do contrato de trabalho, mantendo-se os direitos já

adquiridos, por exemplo,art.88º da Lei nº 12-A/2008 de 27 de Fevereiro) e das pensões (dando-se às alterações carácter progressivo e não abrupto e mantendo-se a validade dos montantes obtidos ao abrigo das regras anteriores).

4. Sublinhamos com particular ênfase que este comportamento do PS, que não conheceu ao longo dos tempos qualquer excepção, faz parte dos princípios fundamentais e do acervo histórico e legal do PS. Entendemos mesmo que não há quaisquer razões para que, na região e a nível nacional, não seja claramente assumida a defesa destes princípios da segurança jurídica e da proteção da confiança, neste caso concreto das subvenções. Entendemos ainda mais, que o PS se afasta dos seus princípios mais sagrados ao remeter-se a um silêncio comprometido ou tomando decisões concretas que significam a sua demissão perante poderes fácticos e de mera opinião pública circunstancialmente mal informada ou preconceituosa.
5. Por isso mesmo, para o PS, quaisquer que sejam os fundamentos jurídicos para a manutenção das subvenções trata-se, antes

de mais, de manter a coerência e firmeza de uma regra histórica e pecúlio político que o PS não pode renegar sob pena de se desviar dos sãos princípios que sempre professou e de acordo com os quais sempre actuou.

6. Passemos a um ponto crucial, bem sublinhado nas considerações atrás expendidas. A tomada de decisões concretas e de programas e planos de vida que contavam com a segurança e previsibilidade da lei sobre as subvenções.
7. Podemos afirmar, em termos gerais, que, quer a nível nacional como a nível regional, será excepção rara, para não dizer hipótese meramente teórica sem exemplo comprovativo, a daqueles titulares de cargos políticos que não tomaram decisões sobre o seu futuro sem ponderarem o direito e as expectativas induzidas pela existência da subvenção mensal vitalícia. Citemos exemplos mais notórios, sem a preocupação de os pormenorizar nem esgotar todos. É o caso daqueles que prosseguiram a sua actividade politica, nomeadamente como deputados, porque tiveram em conta que a subvenção lhes permitia a compensação para os

rendimentos e posições que, na ordem normal das coisas, assumiriam, se tivessem regressado à sua actividade profissional. Outro caso concreto é o de ex-políticos que solicitaram reformas antecipadas, porque a diminuição que iria recair nas suas pensões lhes era compensada pelo montante da subvenção. Caso ainda mais frequente, o de ex-titulares de cargos políticos que assumiram responsabilidades financeiras, económicas, negociais, de investimento, ou mesmo familiares de apoio a parentes em situações de debilidade económica, tendo em conta a subvenção.

8. Últimas duas condições. Expectativas legítimas. Colisão com princípios do ordenamento constitucional .

A legitimidade das expectativas já está implícita no que atrás se diz. Mas pode acrescentar-se que a subvenção mensal vitalícia sempre foi entendida como uma forma de compensar o desgaste, o peso das responsabilidades assumidas, a exposição pessoal e até familiar perante a opinião pública, afrontar preconceitos muito frequentes quanto à actividade partidária ou política, a vulgarizada ideia da inutilidade ou escandalosamente privilegiada situação dos agentes políticos. Quanto à colisão com quaisquer princípios ela simplesmente não existe. Repetindo a formulação do TC, a supressão da pensão mensal vitalícia não foi "ditada pela necessidade de salvaguardar direitos ou interesses constitucionalmente protegidos que se lhe devam considerar prevalecentes" Com a subvenção vitalícia não se ofende nenhum princípio constitucional relevante ou nem sequer se provoca dispêndio financeiro exorbitante, cuja supressão aliviaria de forma significativa os orçamentos nacionais ou regionais.

Terminamos esta exposição com um apelo directo e instante aos responsáveis políticos do PS dos Açores, em particular ao seu Presidente, para que assumam, sem transigências nem hesitações, a defesa dos direitos daqueles que devotaram muitos anos da sua vida para que o PS se mantivesse inflexível nos rumos impostos pela legalidade e o império da lei, sobretudo quando em oposição a decisões de maiorias ocasionais.

Notas sobre a audiência do Presidente do Governo Regional

Em 3.09.2014 pelas 13h00, no Palácio dos Capitâes Generais foi entregue ao Presidne te do PS a exposição referente às subvenções mensais vitalícias.

Parece-me se podem reduzir a três, as conclusões a tirar da reunião. Primeira. Dificilmente chegará a haver condições na Região para se resolver a questão através de uma iniciativa legislativa. De momento, não há essas condições de certeza, porque o presidente do PS não confia que Duarte Freitas não utilize qualquer iniciativa que o PS tomasse nesse sentido, não fosse usada depois como arma eleitoral contra o PS, particularmente a curta distância de eleições. Terá chegado a haver mesmo a recusa terminante de Duarte de Freitas em aceitar uma solução dessas.

A segunda conclusão seria encaminhar o assunto para uma via de impugnação nos tribunais promovida pelos próprios interessados.

Foi dado a conhecer ao Presidente que esta solução estava em andamento e a caminho de concretização.

A terceira conclusão é que se poderia encarar uma solução que passe pelo reconhecimento de que a lei que impôs a alteração das condições de atribuição das subvenções não era, de facto, aplicável à Região. E que a Presidência da ALRA se precipitou em aceitar e mesmo de se posicionar como avalizadora das interpretações da CGA. Restaria o reconhecimento prático, tácito ou formal, por parte da Assembleia do erro cometido.

Este é um assunto que o Presidente do Governo tem em mente abordar com a Presidente da Assembleia. Para o facilitar seria de desejar ter na sua posse uma carta dos interessados que contestassem a decisão da Assembleia.

Fiquei de escrever essa carta, embora tenha alguma dificuldade em encontrar o original da ALRA. O Francisco Oliveira ficou de me fazer chegar o dele.

Adianto que me parece que seria vantajoso que o maior número possível de interessados fizesse chegar à Presidente da Assembleia cartas do mesmo teor.

Acrescente-se apenas, como nota final, que a audiência decorreu num clima de cordialidade, à vontade e franqueza e que, o Presidente se comprometeu não só a ler o documento, mas tem a intenção de lhe responder.

Dionísio Sousa 3.09.2014.

PS 1 Tomei a iniciativa de incluir junto do texto da exposição o parecer do conselheiro Anselmo Rodrigues que, como se sabe, defende posição idêntica à do Presidente.

PS 2. É minha intenção enviar este texto a todos os que aceitaram dar o seu nome à iniciativa. Depois de, como é óbvio, o submeter à apreciação do Francisco Oliveira a que vou enviá-lo em primeiro lugar.

Parecer do juiz Conselheiro

Conforme o prometido aqui estou eu a dizer-lhe, sumariamente, o que penso do problema da subvenção vitalícia dos políticos regionais e da aplicação do artigo 77° da Lei n°83-C/2013, (orçamento de Estado para 2014) àqueles a quem tenha sido atribuída.

1- As subvenções vitalícias para titulares dos cargos políticos foi instituída por uma lei da Republica (Lei n°4/85, de 9 de Abril), que no artigo 24° elencava os titulares dos Órgãos de Soberania que dela podiam beneficiar e das condições necessárias para o efeito.
2- Nesse artigo não constavam quaisquer titulares dos órgaos da Região Autónoma dos Açores. Só com a aprovação do Estatuto da Região Autónoma pela Lei n°9/87 veio a ser regulado o estatuto remuneratório dos titulares dos órgãos regionais e aplicada, ao abrigo dos poderes conferidos à Região pelo artigo 229° da CRP (hoje 227°), remetendo-se tal aplicação para a Assembleia Regional, que, pelo Decreto legislativo Regional n°10/87/A, estendeu aos Açores o que

constava daquela Lei n°4/85, em tudo aquilo que não fosse expressamente modificado por aquele diploma (artigos 1° e 2°) e que consistiu, essencialmente, na equiparação de cargos nos órgãos nacionais e os órgãos regionais.

3- A Constituição da República no seu art°164°, alínea r) reserva em termos absolutos à AR o Regime de elaboração e organização dos orçamentos do Estado, das Regiões Autónomas e das autarquias Locais, mas é no artigo 106° que dispõe sobre a elaboração do orçamento, em conformidade com a lei de enquadramento, aí se prevendo que nessa proposta de orçamento constarão as transferências de verbas para as Regiões Autónomas. A elaboração dos orçamentos regionais, esses estão previstos no artigo 232° atribuindo-se essa competência em exclusividade à Assembleia Regional, como, de resto, nas alíneas h), i)e j) do artigo 227°, se lhe atribuíam os poderes de dispor e administrar o seu património próprio, exercer o poder tributário e dispor das receitas fiscais geradas ou cobradas na região.

4- Posto isto, coloca-se o problema de saber se aquele artigo 77° da lei do Orçamento de Estado para 2014, na parte em que limita os seus direitos, se aplica àqueles que sejam titulares dessas pensões por exercício de cargos políticos na Região.

5- Julgamos que não, por três ordens de razões:

a) Não tendo havido uma extensão daquela norma no orçamento regional, e enquanto ela não existir, tal norma seria organicamente inconstitucional, ou pelo menos formalmente, por não terem sido respeitadas as competências da Região, mesmo com a alteração do artigo 10° da lei n°52-A/2005 operada pelo artigo 78° da mesma lei 83-C/2013.

b) Nessas circunstâncias a CGA ao reduzir as subvenções vitalícias, já atribuídas, aos titulares dos Órgãos da região, atribuídas ao abrigo do DLR n°10/87/A, violou este diploma legal sendo o seu acto administrativamente impugnável.

c) Mesmo que assim não se considerasse sempre se deveria entender que aquele artigo 77° era orgânica ou formalmente inconstitucional e por isso impugnável, igualmente, por via de acção administrativa.

d) Finalmente, do ponto de vista material são aplicáveis às subvenções vitalícias, as mesmas razões que levaram o TC neste ultimo acórdão a julgar inconstitucionais as reduções das pensões, por violação do princípio da confiança e também da ofensa do caso resolvido, uma vez que a sua fixação resultou de um acto administrativo.

6- O prazo de impugnação será de três meses contados do dia em que os titulares deixaram de receber a pensão com o valor que lhe havia sido fixado anteriormente.

7- Por outro lado, julgo que por se tratar da ofensa a um direito individual, a acção não pode ser proposta por uma associação que os represente, pois não teria legitimidade para isso. De qualquer modo é risco que não parece ser de correr.

Cartas dirigidas à Senhora Presidente da Assembleia

Exma Senhora
Presidente da Assembleia
Legislativa da Região
Autónoma dos Açores

Excelência,

Uma releitura mais atenta do ofício dos serviços dessa Assembleia 02722-01-14, que tem por assunto a "LOE/2014 Subvenções mensais vitalícias", elaborado por decisão da Secretária Geral da ALRA e assinado pelo coordenador de recursos humanos em que, como tal, estão envolvidos órgãos meramente burocráticos e administrativos, leva-nos a estranhar que tenha sido, desde sempre, assumido como uma posição oficial da ALRA sobre a questão. Assim o fez a CGA em dois ofícios sobre o assunto, sublinhando que "importa referir que a própria Assembleia Legislativa dos Açores não põe isso em causa" aludindo ao ofício da Secretaria Geral e estribando, assim, a sua interpretação na posição que dizia ser a da própria Assembleia Regional. Se, porventura, pela Secretária Geral da ALRA tivessem sido referidas indicações dadas por V.Ex.ª,.ainda podíamos admitir que se tratasse de decisão explícita e da sua responsabilidade.

Não tendo sido assim, só nos resta considerar que se tratou não de transmitir aos interessados qualquer posição da ALRA na matéria, mas apenas fazer-se eco administrativo da decisão da CGA. Nunca, a de exprimir a posição da ALRA que teria de ser necessariamente de dimensão jurídica e politica.

Jurídica, porque o assunto envolve direitos constituídos por lei regional e nacional. E política, porque exige interpretação de competências da Região no quadro constitucional e estatutário. Ora para nenhum destes desempenhos são tais funcionários intérpretes autênticos ou sequer foram delegados por V. Exia.

Com efeito, a subvenção mensal vitalícia atribuída pela Lei nº 4/85, de 9 de Abril, aos ex-titulares de cargos políticos, foi instituída para os titulares que desempenharam funções nos órgãos de soberania (Presidente da República, membros do Governo e deputados) e o disposto na Lei do Orçamento nº 233-C/2013 de 31 de Dezembro aplica-se nesse âmbito apenas aos que foram titulares de cargos políticos nacionais.

Na Região Autónoma dos Açores, e de acordo com as competências próprias que lhe são reservadas, designadamente quanto aos Estatuto dos detentores de cargos políticos na Região, foi aprovado o Decreto Legislativo Regional nº

10/87/A, alterado pelo Decreto Legislativo Regional nº 18/94/A, estabelecendo-se as regras próprias para os titulares de cargos políticos da Região, fazendo aplicar a Lei nº 4/85 em tudo o mais que não constasse do diploma regional.

O Decreto Legislativo Regional nº 10/87/A determina que seja o Orçamento da Região aprovisionado para cumprir as obrigações financeiras derivadas das obrigações criadas pelo novo dispositivo legal.

Significa isto que é o orçamento da Região que suporta todos os encargos resultantes das subvenções pagas pela Caixa Geral de Aposentação aos ex-titulares de cargos políticos da Região Autónoma dos Açores, à semelhança do que acontece na Região Autónoma da Madeira.

Ora, nem o Decreto Legislativo Regional nº 2/2014/A de 29 de Janeiro que aprovou o Orçamento da Região, nem qualquer outro diploma regional fez a extensão à região do art. 77.º da Lei do Orçamento do Estado para 2014. Devendo, nestes termos, considerar-se inconstitucional a sua aplicação à Região. Por inconstitucionalidade orgânica ou formal.

Nestas circunstâncias, a CGA ao reduzir as subvenções vitalícias já atribuídas aos ex-titulares dos órgãos da Região, ao abrigo do Decreto Legislativo regional nº 10/87/A violou este diploma legal.

Pode ainda acrescentar-se que, do ponto de vista material, são aplicáveis às subvenções vitalícias, as mesmas razões que levaram o TC em recente acórdão a julgar inconstitucionais as reduções das pensões, por violação do princípio da proteção da confiança e também da ofensa do caso resolvido, uma vez que a sua fixação resultou de um acto administrativo.

Mais informo V. Exia que esta carta representa e tem a concordância dos seguintes ex-titulares de cargos políticos do PS:

António Gomes, António Loura, Fernanda Mendes, Fernando Menezes, Fernando Fonte, Francisco Oliveira, Francisco Sousa, Hélio Pombo, Herberto Rosa, José António Martins Goulart, José Manuel Bettencourt, José Humberto Chaves, José do Nascimento Ávila, Manuel Goulart Serpa, Renato Leal, Ricardo Barros e Rui Pedro Ávila.

Com os melhores cumprimentos e devida consideração

Subscrevo-me

Dionísio Mendes de Sousa

Vila de São Sebastião, 5 de Agosto de 2014

Exma Senhora
Presidente da Assembleia
Legislativa da Região
Autónoma dos Açores

Excelência,

Permita-me que volte ao tema da minha carta do passado dia 5 do corrente, sobre as subvenções mensais vitalícias dos ex-titulares de cargos políticos do PS-Açores.

Das considerações que na mesma faço julgo que resultaria, pelo menos implicitamente, que se apresentavam argumentos no sentido de que o artigo. 77.º da Lei n.º 83-C/2013 de 31 de dezembro (LOE/2014) não teria aplicação na Região. Pretendendo-se, por conseguinte, que seja assumida por V. Exia uma posição contrária à que pareceu resultar do ofício n.º 781, de 25 de fevereiro de 2014, da Secretaria-Geral e que encetasse as diligências que considere necessárias e suficientes para obter da Caixa Geral de Aposentações a anulação da sua deslocada e abusiva interpretação.

Correndo embora o risco de me repetir, saliento que os argumentos para a nossa pretensão podem resumir-se a dois tipos.

O primeiro tipo de argumentos é de âmbito exclusivamente regional e foi este que pormenorizei na minha carta anterior. A subvenção mensal vitalícia foi instituída na região por legislação regional que citei na referida carta e que a dotação necessária para a sua concessão está dependente exclusivamente do orçamente dos órgãos de governo próprio, no exercício da suas competência constitucionais e estatutárias. O exercício efectivo dessas competências afigura-se imprescindível neste âmbito.

O segundo tipo de argumentos é que as disposições do artigo 77.º da referida lei, representam um atropelo aos princípios fundamentais da segurança jurídica e da proteção da confiança que permita aos cidadãos, neste caso aos ex-titulares de cargos políticas, não serem esbulhados de direitos que, ao abrigo da proteção legal, permitiram tomar decisões de importância crucial para as suas vidas Este caso, embora de âmbito muito específico, tem pleno cabimento nestes princípios da doutrina e da própria jurisprudência do Tribunal Constitucional.

Convicto de que, com esta carta, fiquem dissipadas quaisquer dúvidas que pudessem suscitar-se sobre as pretensões concretas dos ex-titulares de cargos políticos eleitos do PS-Açores em relação às decisões a tomar por V. Exia, subscrevo-me com cumprimentos e devida consideração.

Vila de São Sebastião, 9 de Setembro de 2014

Dionísio Mendes de Sousa

À caixa Geral de Aposentações

Vossa referência UAC322AO444021-00 de 14-10-2014

Senhor Domingos Salgado

As suas decisões sobre a aplicação aos ex-titulares de cargos políticos da Região Autónoma dos Açores do artº 77º da Lei nº 83-C/2013, de 31 de Dezembro, sobre as subvenções mensais vitalícias, manifestaram sempre uma completa ignorância ou desprezo pelas competências das Regiões Autónomas em matéria de autonomia orçamental na afectação das suas verbas, como aquelas que são aplicadas na atribuição dessas subvenções. Verbas constantes do Orçamento Regional, portanto, não estando abrangidas nem sendo afectadas por qualquer norma constante do Orçamento da República.

Além desta ignorância de fundo, a sua posição sobre a devolução dos retroactivos das subvenções relativas aos meses de Janeiro a Maio de 2014 é totalmente infundamentada e revelam uma ideia errónea sobre a função que a CGA desempenha na atribuição dessas verbas. Elas não estão na alçada das competências dessa Caixa, visto serem verbas do Orçamento Da Região Autónoma dos Açores , em cuja atribuição mensal aos abrangidos por elas, a função dessa Caixa é a de simples intermediário. Se alguma entidade pode tomar decisões sobre estas verbas é a Assembleia Regional dos Açores em cujo Orçamento elas estão integradas.

A sua afirmação do final deste ofício de "que a regularização ocorra no corrente ano económico" baseia-se, porventura na intenção dessa Caixa de devolver essas verbas ao Orçamento da Assembleia Regional? Não creio. Embora ela seja a única entidade detentora de direitos sobre estas verbas.

Em face do exposto, entendo que V.Ex.ia deve tomar a única atitude justificada e consequente que é a de anular a sua decisão sobre a devolução dos retroactivos e deixar tal iniciativa para a única entidade que a pode assumir: A Assembleia Legislativa Regional dos Açores.

Dionísio Mendes de Sousa

Pensionista 444021

www.ingramcontent.com/pod-product-compliance
Lightning Source LLC
Chambersburg PA
CBHW050358290526
45786CB00003B/1041
* 9 7 8 1 5 0 8 4 9 3 0 5 1 *